Fabian Drost

Die Erfolgsfaktoren der Buchreihe "Harry Potter"

GRIN Verlag

Bibliografische Information der Deutschen Nationalbibliothek:

Die Deutsche Bibliothek verzeichnet diese Publikation in der Deutschen National-
bibliografie; detaillierte bibliografische Daten sind im Internet über http://dnb.d-
nb.de/ abrufbar.

Impressum:

Copyright © 2014 GRIN Verlag GmbH
Druck und Bindung: Books on Demand GmbH, Norderstedt Germany
ISBN: 978-3-656-62934-4

Dieses Buch bei GRIN:

http://www.grin.com/de/e-book/271088/die-erfolgsfaktoren-der-buchreihe-harry-
potter

GRIN - Your knowledge has value

Der GRIN Verlag publiziert seit 1998 wissenschaftliche Arbeiten von Studenten, Hochschullehrern und anderen Akademikern als eBook und gedrucktes Buch. Die Verlagswebsite www.grin.com ist die ideale Plattform zur Veröffentlichung von Hausarbeiten, Abschlussarbeiten, wissenschaftlichen Aufsätzen, Dissertationen und Fachbüchern.

Besuchen Sie uns im Internet:

http://www.grin.com/

http://www.facebook.com/grincom

http://www.twitter.com/grin_com

1.Einleitung und Fragestellung

Harry Potter, der Name eines Zauberlehrlings, dessen Geschichten heutzutage in jeder Bücherei und einem Großteil aller Haushalte zu finden sind.[1] Zielsetzung dieser Facharbeit ist es herauszufinden, wie und warum die Autorin J. K Rowling ist geschafft hat fast 500 Millionen Exemplare weltweit zu verkaufen und eine Bekanntheit zu erlangen,um behaupten zu können, dass ein Großteil der Weltbevölkerung schon mal von Harry Potter gehört hat.[2] Harry Potter ist bzw. war in aller Munde. Ein Geschichte, auch für Erwachsene, die mittlerweile so weit verbreitet ist, dass in so gut wie jeder Buchhandlung sogar die Englischen Originalausgaben sowie auch Hörbücher zu finden sind. Nicht ohne Grund gab es große Events vor der Veröffentlichung neuer Bände und Filme, bei denen sogar ganze Zeltlager entstanden. Ein Phänomen wie man es heutzutage nur vor der Veröffentlichung neuer Apple Produkte kennt. Harry Potter hat schon sämtliche Bestsellerlisten gestürmt, alle Bände standen auf den vorderen Plätzen der Spiegel Bestsellerliste und lassen auch heute noch die Herzen vieler Buchhändler höher schlagen.[3] Bis heute sind über 30 Millionen Exemplare in Deutscher Sprache verkauft worden und laut einer Studie des Marktforschungsinstituts „teleResearch" hat bis heute jeder Vierte Deutsche ab 14 mindestens einen Band gelesen.[4] Es entstanden sogar schon ganze Parks und kleine Städte, die die „Zauberwelt" in realistischen Nachbauten darstellen. Nun stellt sich für mich die Frage: Wie kann ein Buch Erwachsene und Kinder gleichermaßen begeistern? Und *warum* ist Harry Potter so ein besonderes Buch? Oder ist es ein „Modebuch", das die Medien mehr und mehr hochgejubelt haben? Mit dieser Facharbeit versuche ich diese Fragen an Hand des ersten Bandes „Harry Potter und der Stein der Weisen" zu erklären und unter literaturwissenschaftlichen Kriterien zu analysieren. Außerdem werde ich eine kurze persönliche Wertung beifügen, in der ich meinen persönlichen Standpunkt zu dieser Fragen darstelle.Mit der Analyse und der kurzen Vorstellung der wichtigsten Personen, Tiere und Orte, möchte ich einen Teil dieser Frage beantworten. Anschließend erläutere ich das sprachliche Vorgehen von J. K Rowling , das meiner Meinung nach viel dazu beigetragen hat, Harry Potter zu einem solch großen Welterfolg zu machen.

---

1 Smith, Sean: Die Schöpferin von Harry Potter. Das Leben der J. K. Rowling. Europa Verlag 2002[1],S. 7
2 http://www.buecher-wiki.de/index.php/BuecherWiki/Buchrekorde am 17.02.2014
3 http://www.spiegel.de/kultur/uebersicht-bestseller-a-458623.html am 17.02.2014
4 http://de.statista.com/statistik/daten/studie/699/umfrage/lektuere-der-harry-potter-buecher/ am 17.02.2014

2. Biografische und bibliografische Angaben zum Buch

2.1 Zur Autorin

Der wichtigste Aspekt zur Beantwortung meiner Leitfrage steckt in der Frage , wer Joanne K. Rowling ist und mit welcher Intention Sie den Roman verfasst hat . Joanne Rowling wurde 1965 geboren und wuchs in Chepstow, Gwent, auf, wo sie eine Gesamtschule besuchte. Sie studierte Französisch und Klassische Altertumswissenschaften Während dieser Zeit entstanden die ersten Entwürfe der Harry Potter Reihe. Einige Zeit später zog sich nach Portugal, wo sie als Englischlehrerin tätig war.Sie heiratete im Oktober 1992 und brachte 1993 ihre erste Tochter zur Welt. Nach dem Ende ihrer Ehe kehrte sie in ihr Heimatland, Großbritannien zurück.[5]Ihr ging es finanziell nicht gut, da sie sich und ihr Kind mit 70 Pfund die Woche ernähren und einkleiden musste. Ihre Wohnsituation beschrieb sie mit: „Das Beste, was man über die Wohnung sagen konnte, war, dass sie ein Dach hatte."[6] Rowling konnte höchstens zwei Stunden die Woche als Sekretärin arbeiten , da ihr alle Einnahmen über fünfzehn Pfund direkt von der Sozialhilfe abgezogen wurden. Sie wurde von ihren Freunden finanziell unterstützt, sodass sie eine Ausbildung zur Lehrerin absolvieren konnte. Schlussendlich begann sie mit 31 Jahren Harry Potter zu schreiben. Zu dieser Zeit war sie komplett arbeitslos und lebte in einer Wohnung in Edinburgh.[7] Rowling wurde von ihrem Umfeld schon als kleines Kind als fröhliches und aktives Kind beschrieben: „Die Kinder stibitzten dauernd die Besen aus der Garage, um auf ihnen herumzufliegen."[8] Es zeichnete sich schon früh in ihrer Kindheit ab , dass sie großes Interesse an Hexerei und Zauberei hat: „Joanne dachte sich ein Spiel aus, bei dem die Mädchen sich als Hexen verkleideten [...]" oder „Sie setzten sich unter einen Baum, und Joanne dachte sich Flüche aus und tat so, als würde sie aus irgendwelchen ekelhaften Zutaten Zaubertränke zusammenbrauen."[9] „Wenn man J. K. Rowling heute fragt, was sie besonders hasst, entgegnet sie: ‚Spinnen´."[10] Viele dieser persönlichen Ängste und Vorlieben spiegelt sie in ihren Romanen wieder. Alles Anzei-

---

5 http://www.jkrowling.com/de_DE/#/uber-jk-rowling/
6 Smith: Die Schöpferin von Harry Potter. 2002, S. 8
7 H Smith: Die Schöpferin von Harry Potter. 2002, S. 10
8 Smith: Die Schöpferin von Harry Potter. 2002, S. 23
9 Smith: Die Schöpferin von Harry Potter. 2002, S. 23
10 Smith: Die Schöpferin von Harry Potter. 2002, S. 23

chen darauf , welch „besondere" Geschichten sie später schaffen wird ? Der erste Teil der Geschichte von Harry Potter , „Harry Potter und der Stein der Weisen" (*Harry Potter and the Philosopher's Stone*) wurde im Juni 1997 unter dem Namen J.K. Rowling in der Kinderbuchreihe des Bloomsbury-Verlags veröffentlicht.Das „K" für Kathleen, den Namen ihrer Großmutter väterlicherseits, wurde auf Drängen ihres Verlegers hinzugefügt, welcher der Meinung war, dass ein Frauenname kleine Jungen als Zielgruppe nicht genügend ansprechen würde. Nachdem ein Agent einen Verlag gefunden hat, bekommt sie vom Scottish Art Council die bisher höchste Stipendiensumme und kann damit das Buch fertig stellen. Das Buch wurde in 28 Ländern verkauft, die Auflage wird auf etwa 27 Millionen Exemplare geschätzt. [11]

3.Inhaltsangabe

Der 11-jährige Harry Potter, der als Vollweise bei seinen einzigen Verwandten, den Dursleys, lebt, erfährt an seinem Geburtstag, dass er ein Zauberer ist und er sich in Hogwarts, er Schule für Hexerei und Zauberei, einschreiben soll. Bis zu diesem Zeitpunkt lebt Harry in einem Besenschrank unter der Treppe. Seine Tante, die Schwester seiner Mutter, sein Onkel und deren völlig verzogener Sohn Dudley machen ihm seine Kindheit zur Hölle. Daher braucht Harry nicht lange um sich zu entscheiden und wird von dem liebenswürdigen Riesen Hagrid nach Hogwarts gebracht. Dort erlebt er mit seinen neugewonnenen Freunden Ron und Hermine viele spannende und lustige Abenteuer, in denen er durch Mut und Klugheit beweist, dass er in der Zaubererwelt zu Recht schon seit seiner Geburt berühmt ist. Schließlich schafft er es sogar den von allen Zauberer und Hexen meistgefürchteten Zauberer der dunklen Macht, Voldemort, wie schon bei seiner Geburt, zu besiegen und ihn daran zu hindern den Stein der Weisen zu bekommen. [12]

11 http://www.jkrowling.com/de_DE/#/uber-jk-rowling/ am 19.02.2014
12 http://www.focus.de/politik/deutschland/kult-verrueckt-nach-harry-potter_aid_178996.html am
   19.02.2014

4.Analyse

4.1.1.Inhaltliche Analyse

4.1.1.1 Figuren (Hauptpersonen)

Harry Potter

Harry Potter ist der Protagonist der Geschichte und der Sohn von Lily und James Potter, die ebenfalls Zauberer waren. Harry ist ein schmächtiger, kleiner Junge mit strubbeligen schwarze Haaren und einer Brille, die nur noch von etwas Draht auf seiner Nase gehalten wird. Er trägt immer die Sachen seines verwöhnten Cousins Dudley auf, die ihm viel zu groß sind. Diese Tatsache und Dudleys Einfluss in der Schule machen Harry zu einem Außenseiter ohne Freunde. Harrys besonderes Kennzeichen ist eine Narbe, die die Form eines Blitzes aufweist und sich seit seiner Geburt auf seiner Stirn befindet. Diese fügte ihm Lord Voldemort zu, als er versuchte Harry – so wie auch seine Eltern – zu töten. Sobald der gefürchtete Zauberer in der Nähe ist, beginnt Harrys Narbe stark zu schmerzen. Bis zu seinem elften Geburtstag, als er einem Brief von Hogwarts bekommt, lebt Harry in einem Besenschrank unter der Treppe bei den Dursleys, ohne je etwas von seiner Vergangenheit und seiner Berühmtheit in der Zaubererwelt erfahren zu haben.[13]

Lily Potter

Lily Potter ist Harrys Mutter, die kurz nach seiner Geburt von dem bösen Zauberer Lor cyxd Voldemort getötet wird. Sie war ebenfalls eine Schülerin in Hogwarts, die sie erfolgreich als Hexe verließ. Petunia Dursley ist ihre Schwester, zu der sie jedoch keinen Kontakt hatte, da diese „diese blöde Zauberei" nicht akzeptiert.
Petunia und Lily stammen aus einer ganz normalen „Muggle"- familie.**James Potter**
James Potter ist Harrys Vater, der ebenfalls kurz nach Harrys Geburt von dem bösen Zauberer Lord Voldemort getötet wird. Er wurde ebenfalls in Hogwarts zum Zauberer ausgebildet.[14]

Lord Voldemort

Lord Voldemort wird von allen Hexen und Zauberern nur als „Du-weißt-schon-wer"

---

13 Zollner, Barbara Maria: Mentor Interpretationshilfe zu J.K Rowling >>Harry Potter and the Philosopher´s Stone<<.Personen Hintergrund Interpretation.Berlin: 2002[1], S. 9
14 http://www.harrypotter-xperts.de/dictionary/14/ am 21.02.2014

bezeichnet. Er ist ein mächtiger Zauberer, der an dem Tag verschwunden ist, an dem er Harrys Eltern getötet hat und Harry töten wollte. Alle fürchten nun, dass er wieder zurückkehrt und versucht die Macht an sich zu reißen.

Den einzigen Zauberer, den er fürchtet, ist Albus Dumbledore, der mächtigste und beste Zauberer der guten Mächte. Da er selbst keinen Körper mehr besitzt, benutzt er willige Anhänger der bösen Macht um den Stein der Weisen zu bekommen und wieder die Macht an sich zu reißen.[15]

4.1.1.2 Die wichtigsten Figuren (Zauberwelt)

Albus Dumbledore

Albus Dumbledore ist ein mächtiger Zauberer der guten Magie und Schulleiter von Hogwarts. Er ist ein großer dünner Mann mit einem langen silberfarbenen Bart und silbernen Haaren. Er hat funkelnde, blaue Augen und eine krumme, lange Nase.

Albus Dumbledore ist der einzige Zauberer, vor dem sich Lord Voldemort fürchtet. Er ist sehr gerechter, listiger und kluger Mann, der Harry im Kampf gegen Lord Voldemort zur Seite steht und ihn vor ihm rettet.[16] [17]

Ron Weasley

Ron ist Harrys bester Freund. Er hat wie alle Weasleys rote Haare und Sommersprossen, ist groß, dünn und schlaksig. Er lebt wie Harry im Haus der Gryffindor und hilft Harry bei jedem Vorhaben, das sie gemeinsam aushecken. Da die Weasleys nicht so wohlhabend sind, bekommt Ron immer die abgelegten Sachen seiner fünf Brüder[18]

Hermine Granger

Hermine ist für Harry und Ron zunächst nur eine besserwissende Streberin, die allen mit ihrer „Allwisserei" auf den Nerven geht. Nach einem Zwischenfall wird Hermine Harrys und Rons beste Freundin. Obwohl sie die Vorhaben der beiden nicht billigt, ist sie immer dabei um ihnen durch ihre Klugheit und ihren Fleiß aus der Patsche zu helfen. Hermine weiß schon vor ihrer Ankunft in Hogwarts mehr als jeder andere Erstklässler,

---

15 Zollner: Mentor Interpretationshilfe zu J.K Rowling >>Harry Potter and the Philosopher´s Stone<<. 2002, S. 13

16 Zollner: Mentor Interpretationshilfe zu J.K Rowling >>Harry Potter and the Philosopher´s Stone<<. 2002, S. 12

17 http://www.hp-fc.de/hpfc/inhalte/de/personen/personen.php? Stufe=Suche&Person=Albus_Dumbledore

18 Zollner: Mentor Interpretationshilfe zu J.K Rowling >>Harry Potter and the Philosopher´s Stone<<. 2002, S. 10

da sie schon vorher alle Schulbücher auswendig gelernt hat. Sie glaubt besonders viel für die Schule tun zu müssen, da sie ganz gewöhnliche Muggleeltern hat.[19]

4.1.2 Tiere

Jeder Schüler Hogwarts besitzt ein Tier. Entweder eine Katze, eine Kröte oder eine Eule. Eulen sind bei den Schülern sehr beliebt, da sie Überbringer von Botschaften sind. Auch andere Tiere wie Drachen, die jedoch strengstens verboten sind.

4.1.3 Orte

Ligusterweg 4 – hier wohnt Harry bis zu seinem elften Lebensjahr im „Schrank unter der Treppe" bei Onkel und Tante Dursley zusammen mit ihrem schrecklichen Sohn Dudley

Gleis neundreiviertel – dieses Gleis nehmen die Schüler am Bahnhof Kings Cross um am ersten September, zu Beginn des Schuljahres, nach Hogwarts zu gelangen. Es ist für Muggle unsichtbar und kann nur betreten werden, indem man am Gleis auf die Absperrung zurennt.

Hogwarts – ist ein mehr als tausend Jahre altes Schloss und die Schule, in der Muggles und Kinder von Hexen und Zauberern ausgebildet werden, wenn sie eine besondere Begabung haben. Dort lernen sie in sieben Jahren alles, was sie als Hexen und Zauberer können müssen. Die Schule ist in vier Häuser unterteilt.

Gryffindor steht für Tapferkeit und Mut

Hufflepuff steht für Treue, Gerechtigkeit und Hilfsbereitschaft

Ravenclaw steht für kluge Köpfe, die schnell denken und gelehrsam sind

Slytherin steht für List und Tücke [20]

Der Sprechende Hut sucht für die Erstklässler das jeweils passende Haus aus. Im laufe des Schuljahres können die Schüler sich um ihr Haus verdient machen und Punkte bekommen, jedoch auch welche verlieren, sobald sie gegen die Regeln verstoßen.

Der verbotene Wald – umgibt das Gebiet der Schule. Am Rande des Waldes lebt der

---

19 Zollner: Mentor Interpretationshilfe zu J.K Rowling […] 2002, S. 10
20 Zollner: Mentor Interpretationshilfe zu J.K Rowling >>Harry Potter and the Philosopher´s Stone<<. 2002, S. 14

Wildhüter Hagrid. Den Schülern ist es jedoch strengstens verboten diesen Wald zu betreten.

Die Winkelgasse – ist die Einkaufsstraße für Zauberer mitten im London der Muggels. Dort findet man alles, was das Zaubererherz höher schlagen lässt: fliegende Besen, Zauberstäbe, Pulver......

Gringotts – ist die Zauberbank tief unter den Straßen von London, sicherer als jede andere Bank, da sie von Kobolden bewacht wird und die Verliese angeblich von Drachen abgesichert werden.

4.1.4 Besonderheiten in der Zaubererwelt

Hogwarts-Express – bringt die Schüler am ersten September eines jeden Jahres vom Gleis neundreiviertel nach Hogwarts

Bertie Bolts Bohnen – sind Süßigkeiten jeder Geschmacksrichtung, wie z. B. fauler Käse, Schuhputzmittel, etc.

Schokofrösche – sind kleine Schokoladenstückchen mit Sammelkarten berühmter Hexen und Zauberer

Zauberfotos – Bilder, die sich bewegen oder miteinander sprechen, sie lächeln oder winken einem zu.

Nimbus Zweitausend – ein speziell für das Quidditch Spiel entwickelter Besen, der besonders schnell und leider auch besonders teuer ist; somit ist er für die meisten Schüler unerschwinglich

Quidditch – ist der beliebteste Zauberersport in Hogwarts. Es ist eine Art Mischung aus Basketball, Baseball, Kricket, Fußball und Hockey. Jedes Haus in Hogwarts stellt eine Quidditch Mannschaft aus sieben Spielern zusammen um den Pokal für sein Haus zu erringen. Dabei fliegen insgesamt vier Bälle in der Luft herum. Der wichtigste ist der Schnatz. Der Sucher einer Mannschaft, der ihn zuerst fängt, gewinnt das Spiel.

4.1.5 Ort und Zeit der Handlung

Das Kinderbuch umfasst den Zeitraum von ca. elf Jahren, jedoch mit mehreren großen Zeitsprüngen. Es beginnt mit dem merkwürdigen Tag und der Nacht, als Harry bei seinem Onkel und seiner Tante landet. Nach dieser Einführung werden jedoch ca. 10 Jahre, bis zu Harrys 11. Geburtstag, übersprungen und nur die allgemeine Situation im Hause der Dursleys und Harrys Lebensumstände beschrieben. Interessant ist auch das Verhältnis von der Erzählzeit zu erzählter Zeit. Werden die ersten Jahre seines Lebens gerafft auf wenigen Seiten dargestellt, so wird die Ankunft und die Zeit, die Harry in Hogwarts verbringt sehr detailliert beschrieben. Jedoch wird auch hier zwischen wichtigen, sehr ausführlich erzählten Passagen und weniger wichtigen Passagen unterschieden.

4.1.6 Handlungsführung und Thematik: reale Welt – Zaubererwelt

Das Buch beginnt wie eine ganz normale Internatsgeschichte, die sich in England auch heute noch großer Beliebtheit erfreuen. Somit ist die Story erst einmal ziemlich banal: ein Waisenjunge, den keiner haben möchte, wächst bei seinen einzigen Verwandten, der Schwester seiner Mutter und seinem Onkel, auf. Dies lässt einen doch an eine Geschichte erinnern, die jedes Kind schon einmal in den Händen gehalten hat: Heidi, die von ihrer Tante verlassen zu ihrem Großvater auf die Alm gebracht wird. Jedoch hebt sich die Geschichte von Harry Potter gleich zu Beginn an von den „normalen" Internatsgeschichten ab. In die reale und vor allem normale Welt der Dursleys „mischt" die Autorin eine Reihe ungewöhnlicher Begebenheiten. So passieren schon am Tag, als Harry zu seinen Verwandten gebracht wird, einige ungewöhnliche Dinge, die den Onkel auf seinem Weg zur Arbeit zwar stutzig machen, ihn jedoch nur kurz auf den Gedanken bringen, dass diese etwas mit der ungewöhnlichen Schwester seiner Frau zu tun haben könnten. Er traut sich auch nicht weiter darüber nachzudenken, schließlich will er seine Frau auch gar nicht mit solchen Dingen belasten. Also versucht er diese Dinge als Sinnestäuschung zu verdrängen. Während der ersten elf Jahre seines Lebens erfährt Harry nicht einmal ein bisschen über seinem Zauberervergangenheit. Tante und Onkel möchten nichts damit zu tun haben („Was würden auch die Nachbarn denken?") und lehnen Harry ganz und gar ab. Sie glauben, dass sie ihn durch ihre strengen Erziehungsmethoden von der Zauberei fernhalten können.

Doch nachdem auch eine Flucht aus dem Ligusterweg den Wildhüter Hagrid nicht davon abhalten kann, Harry die Einladung für die Schule für Zauberei – Hogwarts – zuzustellen und ihm in Anwesenheit seiner Verwandten über seine Vergangenheit berichtet, wird deutlich, dass die Zauberwelt mächtiger ist als die Welt der Muggle. Zunächst wird der Leser nur für eine kurze Zeit mit in die andere Welt genommen, in der er über einige Besonderheiten der Zaubererwelt eingeführt wird. Der Leser erlebt die neue Welt zusammen mit Harry, der ja auch noch keine Ahnung von dem hat, was ihn erwartet. Nach dem Besuch in der Winkelgasse kehrt Harry zunächst noch einmal zu seinen Verwandten zurück. Schließlich wird der Leser jedoch ganz in die Zauberwelt eingeführt. Sehr symbolisch fährt eine rote Dampflok, der Hogwarts-Express, in die neue Welt ein.

Für Harry beginnt ein neues Leben. Für ihn war es nicht möglich in der Welt der Menschen klarzukommen. Zum einen sorgt Dudley, sein Cousin, dafür, dass ihn niemand leiden kann. Zum anderen ist Harry nun einmal etwas besonderes, ein Zauberer, der sich in seiner Welt einfach wohler fühlen wird. Dies wird auch für den Leser recht schnell deutlich: er findet Freunde. Harry kehrt allerdings nur ungern in die Welt der Muggle zurück. Die Sommerferien sind für ihn eine Qual, da er sie jedes Jahr bei den Dursleys verbringen muss.

4.2 Sprachliche Analyse

4.2.1 Wortgebrauch und Syntax

Die Autorin beschränkt sich auf eine sehr einfache, kindgerechte Sprache ohne Fach- oder Fremdwörter. Spezielle Wörter der Zauberersprache werden gut beschrieben und erklärt. Im Buch ist insgesamt kaum Umgangssprache zu finden. Somit ist dieses Buch auch didaktisch wertvoll, da der Leser sich an eine korrekte Sprache gewöhnt. Die Sätze sind durchaus für etwas anspruchsvollere oder lesebegeisterte Kinder konstruiert, da sie teilweise sehr lang sind. Die Verschachtelungen der Sätze sind jedoch wenig kompliziert, so dass auch ein junger Leser der Handlung meiner Meinung nach ohne Probleme folgen kann.

4.2.2 Erzählteil und Dialog

Erzählteil und Dialog wechseln sich in diesem Buch gut ab und ergänzen sich. So werden selbst die teilweise sehr detaillierten Beschreibungen für den Leser weder langatmig noch langweilig. Gerade für junge Leser eignet sich diese Ausgewogenheit zwischen Erzählteil und Dialog sehr gut, da sie so auch nicht die Lust verlieren so umfangreiche Literatur zu lesen.

5. Vermuteter Leserbezug

Harry lebt bei seinen völlig übertrieben dargestellte Verwandten. Der Leser kann sich sehr leicht mit dem armen unterdrückten Kind identifizieren, der Ruf nach Gerechtigkeit wird laut. Es scheint, als würde es für Harry keinen Ausweg geben, als wäre es nicht möglich von den Dursleys zu entfliehen. Dennoch gibt es da eine höhere Instanz als die Familie in der realen Welt: die Zaubererwelt. So ist es dem Leser möglich doch noch Gerechtigkeit für Harry –und sich, da er sich mit dem Jungen identifizieren wird- zu erfahren. Die Intoleranz von Harrys Familie gegenüber anders lebenden Menschen könnte als ein Aufruf zur Akzeptanz von Andersartigkeit sein. Das Leben der Dursleys ist, so übertrieben es auch dargestellt wird, unser Alltag. Jede Abweichung davon ist eine Abweichung von der Norm und wird auch in der heutigen Gesellschaft nur schwer akzeptiert. Interessant ist auch, dass ausgerechnet Harry, der in der Zaubererwelt eine Berühmtheit ist, einen Freund hat, der auch wegen seiner Andersartigkeit oft gehänselt wird. Da Rons Familie nicht sehr wohlhaben ist, kann sie sich nicht für jedes Kind eine komplette Schulausstattung leisten und Ron trägt die seiner Geschwister auf. Auch Hermine, von allen als Streberin ignoriert, findet in ihrer Gemeinschaft Akzeptanz. Dies mag ein Plädoyer für Kinder sein, die in der Schule auch als Außenseiter dastehen. Denn die „Außenseiter" in dem Kinderbuch bringen großen Ruhm für ihr Haus. Sie gewinnen die Hausmeisterschaft der Gryffindor, nachdem sechs mal in Folge die verhassten Slyntherins gewonnen haben.

Es kann als Botschaft für nicht so beliebte Kinder verstanden werden. Auch sie sollen wie Harry, Ron und Hermine ihren eigenen Weg gehen, den sie für richtig halten.

6. Stellungnahme und Fazit

Zunächst war ich sehr skeptisch, als ich mir dieses Thema für meine Facharbeit Bearbeitung aussuchte. Ich selbst konnte mir nicht vorstellen, dass dieses Buch für Erwachsene und Kinder gleichermaßen interessant sein sollte. Doch ich wurde eines besseren lehrt. Es gab ein Kinderbuch, dass ich gar nicht schnell genug zu Ende lesen konnte um anschließend gleich zu Band zwei überzugehen.Ein gleichermaßen spannendes wie lustig geschriebenes Buch vereinte alles, was ich auch als Kind gerne gelesen- und im Kino gerne geschaut habe. Die Mischung aus Detektivgeschichte und Internatsroman in einer Fantasiewelt, die wohl jedes Kind sich einmal zurechtbastelt, passt einfach gut zusammen. Allerdings bin ich nach wie vor nicht davon überzeugt, dass eine solch umfangreiche Literatur von zehnjährigen Kindern gelesen wird. Zudem halte ich das angegebene Lesealter auch für etwas zu jung der Handlungsaufbau nicht immer eindeutig zu erkennen ist. Die versteckten Hinweise, die die Autorin im Laufe des Buches streut, erkennt man meiner Meinung nach selbst als erfahrener Leser nicht immer sofort. Ich denke jedoch, dass dies ein gelungenes Kinder und Erwachsenenbuch ist, das nach der Auflage zu urteilen nicht nur ich mit Freude gelesen habe.

7.Literaturverzeichnis

Primärliteratur

Rowling, Joanne K.: Harry Potter und der Stein der Weisen, Hamburg: Carlsen Verlag GmbH, 1998

Sekundärliteratur

Knoblauch,Jörg: „Harry Potter" in der Schule". Didaktische Annährungen an ein Phänomen. Verlag an der Ruhr 2001

Smith, Sean: Die Schöpferin von Harry Potter. Das Leben der J. K. Rowling. Europe Verlag 2002

Zollner, Barbara Maria: Mentor Interpretationshilfe zu J.K Rowling >>Harry Potter and the Philosopher´s Stone<<. Personen Hintergrund Informationen. Berlin: Mentor Verlag 2002

Webseiten im Internet

http://www.buecher-wiki.de/index.php/BuecherWiki/Buchrekorde am 17.02.2014

http://www.spiegel.de/kultur/uebersicht-bestseller-a-458623.html am 17.02.2014

http://de.statista.com/statistik/daten/studie/699/umfrage/lektuere-der-harry-potter-buecher/ am 17.02.2014

http://www.jkrowling.com/de_DE/#/uber-jk-rowling/ am 19.02.2014

http://www.focus.de/politik/deutschland/kult-verrueckt-nach-harry-potter_aid_178996.html am 21.02.2014

http://www.harrypotter-xperts.de/dictionary/14/ am 21.02.2014